AF289451

Impressum
Verlag: BABADADA GmbH, Nedderfeld 112 , 22529 Hamburg
Geschäftsführer / Verlagsleitung: Harald Hof
Druck: Books on Demand GmbH, In de Tarpen 42, 22848 Norderstedt

Imprint
Publisher: BABADADA GmbH, Nedderfeld 112 , 22529 Hamburg, Germany
Managing Director / Publishing direction: Harald Hof
Print: Books on Demand GmbH, In de Tarpen 42, 22848 Norderstedt, Germany

sekolo
skola

phaphosi borutelo
klassrum

kgaoganya
dividera

186/2

boroto
tavla

jarata ya sekolo
skolgård

morutabana
lärare

pampiri
papper

kwala
skriva

pene
penna

tafole
skrivbord

ruler
linjal

buka
bok

baithuti
elev

kgetsana ya dibuka

skolväska

setsenya dipensele

pennfodral

pensele

blyertspenna

seseta pensele

pennvässare

sephimola

suddgummi

boto ya go torowa

ritblock

torowa

teckning

boratšhe jwa pente

pensel

bokose ya pente

málarláda

dikere

sax

sekgomaretsi

lim

buka ya go kwalela

övningsbok

tirogae

hemläxa

palo

tal

tlhakanya

addera

kgaoganya

subtrahera

atisa

multiplicera

khalkhuleitara

räkna

lekwalo

bokstav

alfabete

alfabet

lefoko

ord

mafoko

text

bala

läsa

choko

krita

thuto

lektion

rejistara

register

tlhatlhobo

prov

setifikeiti

intyg

diaparo tsa sekolo

skoluniform

thuto

utbildning

encyclopedia

uppslagsverk

unibesithi

universitet

mikoroskoupo

mikroskop

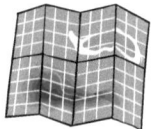 

mmepe

karta

moteme wa dipampiri

papperskorg

eta
resa

Grand
hotele
hotell
hosetele
vandrarhem
ROOMS
kantoro ya go fetola madi
växelkontor
sutukeisi
resväska
sejanaga
bil

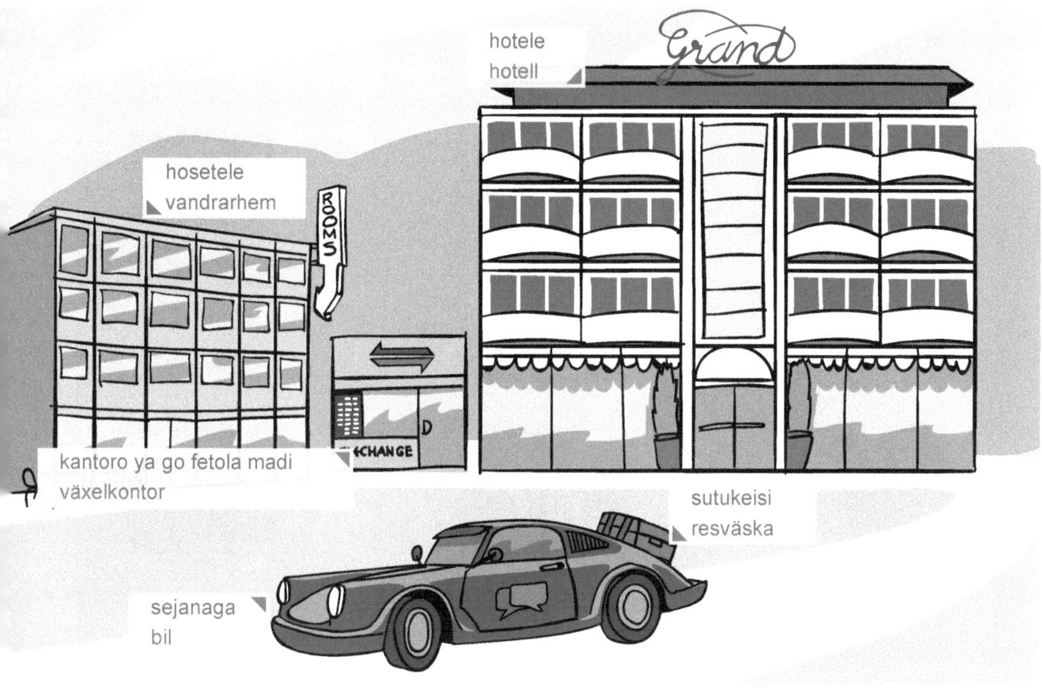

puo

språk

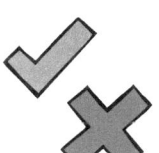

ee / nnyaa

ja / nej

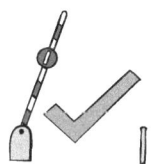

Go siame

Okay

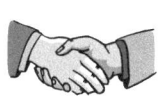

dumela

hej

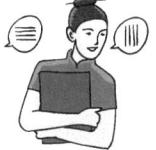

moranodi

översättare

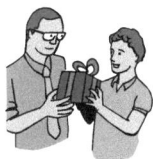

Ke a leboga

Tack

ke bokae…?

hur mycket kostar…?

ga ke tlhaloganye

jag förstår inte

bothata

problem

O itumelele bosigo!

God kväll!

Dumela!

God morgon!

Robala Sentle!

God natt!

tsamaya sentle

hejdå

tsela

riktning

dithoto

bagage

kgetsi

väska

kgetsi

ryggsäck

moeng

gäst

phaposi

rum

kgetsana ya go robalela

sovsäck

mogope

tält

tshedimosetso ya mojanala

turistinformation

lewatle

strand

karata ya go tsaya sekoloto

kreditkort

sefitlholo

frukost

dijo tsa motshegare

lunch

dijo tsa maitsiboa

middag

tekete

biljett

lifiti

hiss

setempe

frimärke

bodara

gräns

dingwao

tull

embassy

ambassad

visa

visum

lokwalo itshupo

pass

sepalangwa
transport

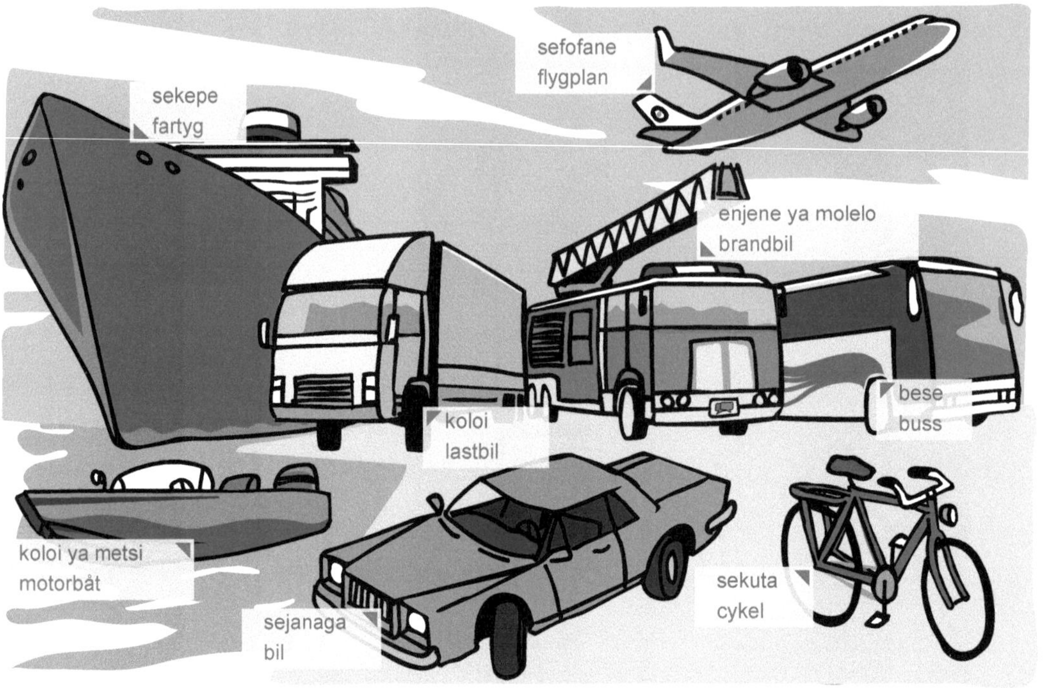
sefofane
flygplan
sekepe
fartyg
enjene ya molelo
brandbil
bese
buss
koloi
lastbil
koloi ya metsi
motorbåt
sekuta
cykel
sejanaga
bil

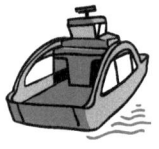

feri

färja

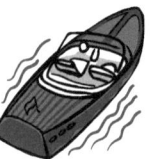

sekepe

båt

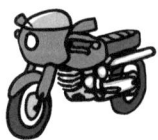

sethuthuthu

motorcykel

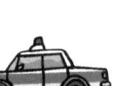

sejanaga sa mapodisa

polisbil

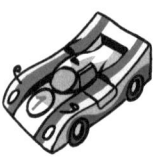

sejanaga sa lobelo

racerbil

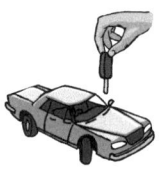

sejanaga se se hirilweng

hyrbil

aroganya sejanaga

bilpool

koloi e e gogang dikoloi tse di robegileng

bärgningsbil

koloi e e tsayang matlakala

sopbil

koloi

motor

lookwane

bränsle

seteišhene sa lookwane

bensinstation

letshwao la pharakano

vägmärke

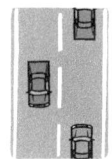

pharakano

trafik

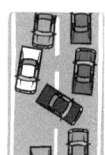

pharakano

bilkö

lefelo la go emisa koloi

parkeringsplats

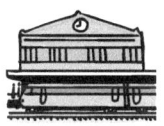

seteišhene sa terena

tågstation

mela

räls

terena

tåg

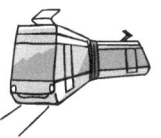

tereme

spårvagn

kolotsana

vagn

sefofane

helikopter

boemeladifofane

flygplats

tora

torn

mopalami

passagerare

sekhafothini

container

bokoso

kartong

karaki

vagn

basekete

korg

go tsamaya / go fitlha

starta / landa

toropo
stad

motse

by

legare la teropo

centrum

ntlo

hus

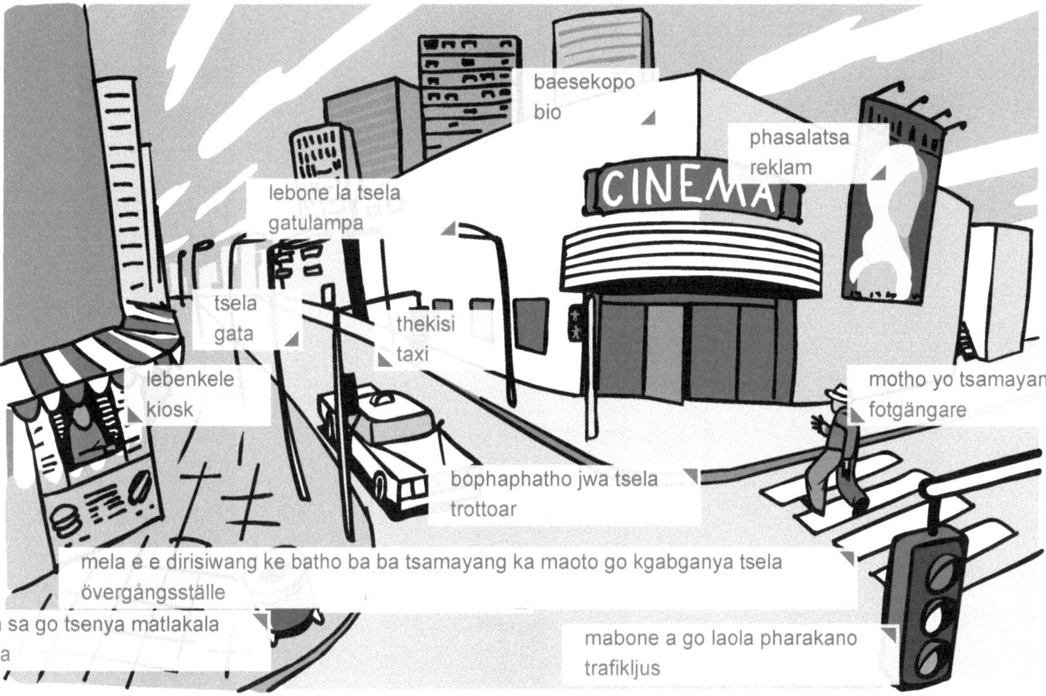

baesekopo
bio

phasalatsa
reklam

lebone la tsela
gatulampa

tsela
gata

thekisi
taxi

lebenkele
kiosk

motho yo tsamayan
fotgängare

bophaphatho jwa tsela
trottoar

mela e e dirisiwang ke batho ba ba tsamayang ka maoto go kgabganya tsela
övergångsställe

a sa go tsenya matlakala
na

mabone a go laola pharakano
trafikljus

ntlo e e ruletseng ka bojang

stuga

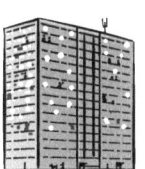

sephara

lägenhet

seteišhene sa terena

tågstation

ntlolehalahala la toropo

stadshus

museamo

museum

sekolo

skola

unibesithi

universitet

banka

bank

sepetlele

sjukhus

hotele

hotell

lefelo la melemo

apotek

kantoro

kontor

lebenkele la dibuka

bokhandel

lebenkele

affär

batho ba ba rekisang malomo

blomsterbutik

lebenkele

stormarknad

maraka

marknad

lebenkele la diaparo

varuhus

fishmongers

fiskhandlare

moago wa mabenkele a a mantsi

köpcentrum

boema dikepe

hamn

serapa

park

banka

bänk

borogo

brygga

ditepisi

trappa

kwa tlase ga lefatshe

tunnelbana

kgogometso

tunnel

boemela bese

busshållplats

bara

bar

lefelo la go jela

restaurang

lebokose la pose

brevlåda

letshwao la tsela

gatuskylt

mitara wa go emisa koloi

parkeringsautomat

lefelo la go bonela
diphologolo

zoo

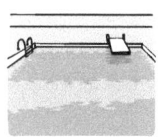

letlodi la go thuma

simbassäng

tempele ya mamoselema

moské

polase

bondgård

kgotlelelo

förorening

mabitla

kyrkogård

kereke

kyrka

lefelo la go tshamekela

lekplats

temple

tempel

boago jwa lefelo
landskap

setlhatsana
löv

matshwao
vägskylt

tsela
väg

ditlhaga
äng

letlapa
sten

motho yo o tsamayang mo thabeng
liftare

setlhare
träd

noka
flod

bojang
gräs

lelomo
blomma

mokgatša

dal

thatshana

kulle

lekadiba

sjö

sekgwa

skog

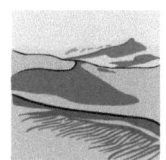

sekaka

öken

lekgwamolelo

vulkan

khasele

slott

motshe wa badimo

regnbage

leboa

svamp

mokolana

palm

montsane

mygga

tshenekegi

fluga

tshoswane

myra

notshi

bi

segokgo

spindel

khukhwana

skalbagge

segwagwa

groda

mosha

ekorre

noko

igelkott

mmutla

hare

morubisi

uggla

nonyane

fågel

pidipidi

svan

dikolobe tsa naga

vildsvin

kgokong

rådjur

moose

älg

letamo

damm

sefetlhaphefo

vindkraftverk

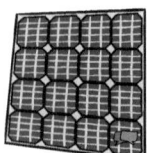

motlakase o o dirilweng ka letsatsi

solcellspanel

loapi

klimat

lefelo la go jela
restaurang

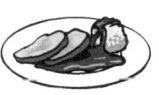

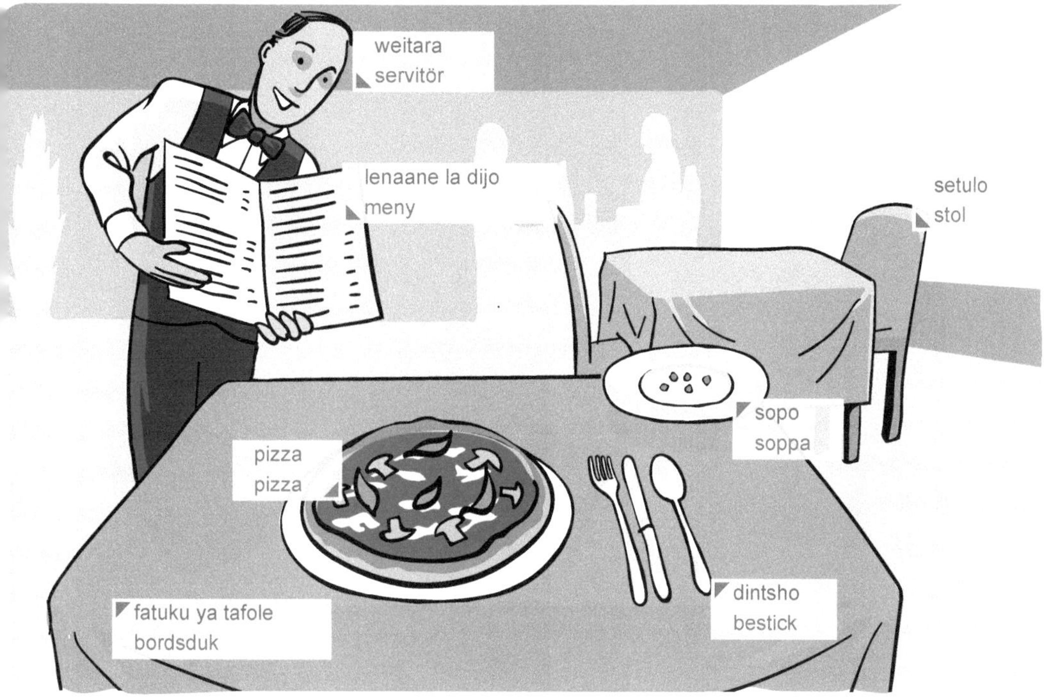
weitara
servitör
lenaane la dijo
meny
setulo
stol
sopo
soppa
pizza
pizza
dintsho
bestick
fatuku ya tafole
bordsduk

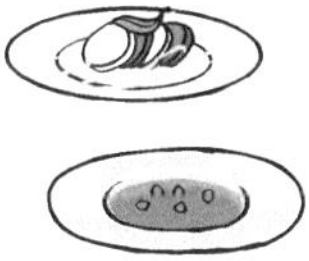

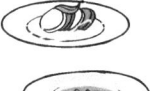

sejo sa ntlha

förrätt

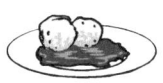

sejo sa bobedi

huvudrätt

dijo tse di naleng sukiri

dessert

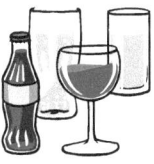

dino

drycker

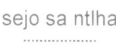

dijo

mat

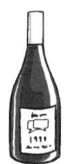

botlolo

flaska

dijo tsa mo strateng

snabbmat

dijo tsa seterata

street food

ketlele ya tee

tekanna

sejana sa go tsenya sukiri

sockerskål

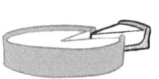

karolo

portion

motšhini wa espresso

espressomaskin

setulo se se kwa godimo

barnstol

tshupamolato

räkning

terei

bricka

thipa

kniv

forotlho

gaffel

liso

sked

leswana

tesked

lesela la go iphimola

servett

galase

glas

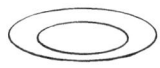

poleiti

tallrik

poleiti ya sopo

sopptallrik

sosara

tefat

sopo

sås

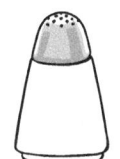

sejana sa letswai

saltkar

sesila pepere

pepparkvarn

aseini

vinäger

oli

olja

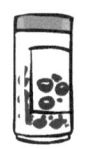

ditswaiso

kryddor

tamati souso

ketchup

masetete

senap

mayonaese

majonnäs

lebenkele
stormarknad

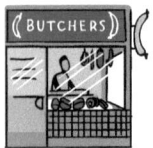

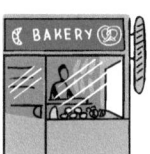

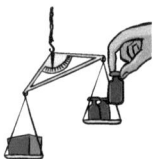

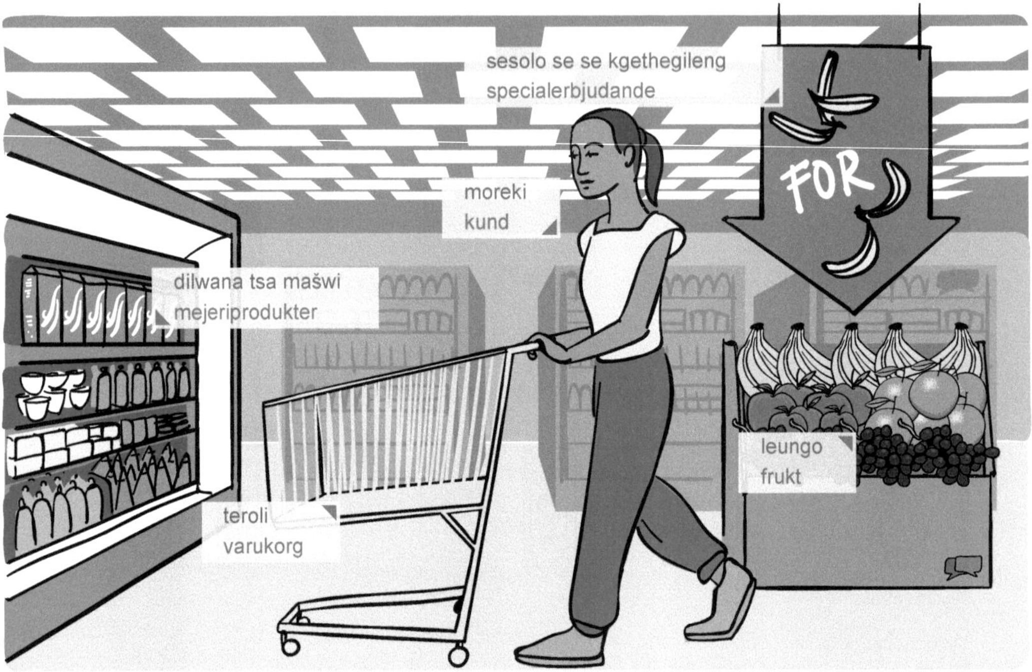

sesolo se se kgethegileng
specialerbjudande
moreki
kund
dilwana tsa mašwi
mejeriprodukter
leungo
frukt
teroli
varukorg
FOR

BUTCHERS

batho ba ba segang nama

charkuteri

BAKERY

babaki

bageri

boima

väga

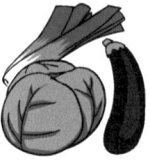

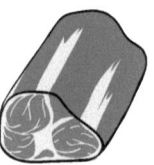

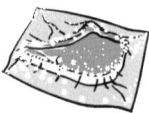

merogo

grönsaker

nama

kött

dijo tse di aesitsweng

frysta livsmedel

nama e e sa tlhokeng go "apewa"
pålägg

dijo tsa thini
konserver

molora o o tlhatswang
tvättmedel

dimonamone
godis

dilwana tsa ntlo
hushållsprodukter

dilwana tsa go phepafatsa
rengöringsmedel

morekisi
försäljare

motšhini wa madi
kassa

morekisi
kassör

lennane la go reka
inköpslista

diura tsa go bula
öppettider

sepatšhe
plånbok

karata ya go tsaya sekoloto
kreditkort

kgetsi
väska

kgetsi ya polasetiki
plastpåse

dino
drycker

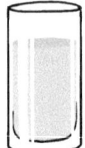

metsi

vatten

jusi

juice

mašwi

mjölk

khouku

cola

beine

vin

biri

öl

bojalwa

alkohol

khoukhou

kakao

tee

te

kofi

kaffe

esepereso

espresso

cappuccino

cappuccino

panana

banan

apole

äpple

namune

apelsin

legapu

melon

surunamune

citron

segwete

morot

konofole

vitlök

lotlhaka lwa bampuse

bambu

eie

lök

mabowa

svamp

manoko

nötter

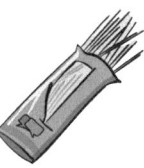

di-noodles

nudlar

sepagethi

spaghetti

raese

ris

salate

sallad

ditšhipisi

pommes frites

ditapole tse di gadikilweng

stekt potatis

pizza

pizza

hamburger

hamburgare

borotho jo bo tlapisitsweng

smörgås

nama e e gadikilweng

schnitzel

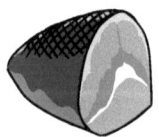

nama ya kolobe

skinka

salami

salami

boroso

korv

koko

kyckling

gadika

stek

tlhapi

fisk

bogobe jwa outse

havregryn

muesli

müsli

cornflakes

cornflakes

bupi

mjöl

croissante

croissant

banse

fralla

borotho

bröd

borotho jo bo besitsweng

rostat bröd

bisikiti

kex

botoro

smör

tšhisi

kvarg

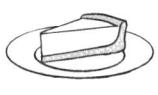

kuku

kaka

lee

ägg

lee le le gadikilweng

stekt ägg

kase

ost

aesekirimi

glass

sukiri

socker

mamepe a dinotshe

honung

jeme

sylt

chokolete e e tshasiwang

nougatkräm

khari

curry

dijo - mat

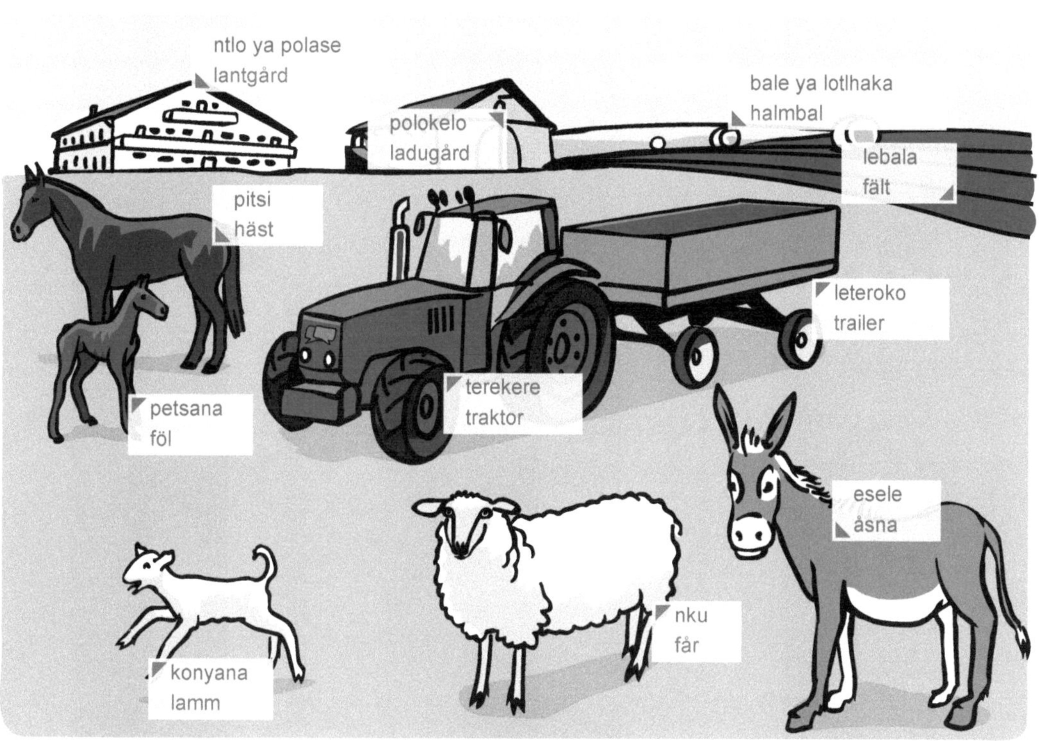

ntlo ya polase
lantgård

polokelo
ladugård

bale ya lotlhaka
halmbal

lebala
fält

pitsi
häst

leteroko
trailer

terekere
traktor

petsana
föl

esele
åsna

nku
får

konyana
lamm

pudi
get

kgomo
ko

namane
kalv

kolobe
gris

kolojane
griskulting

poo
tjur

ganse

gås

pidipidi

anka

kokwanyana

kyckling

mokoko

höna

mokoko

tupp

peba

råtta

katse

katt

peba

mus

kgomo

oxe

ntša

hund

ntlo ya ntša

hundkoja

lethompo la tshingwana

trädgårdsslang

tanka ya go nosetsa

vattenkanna

disekele tsa tshipi

lie

lema

plog

disekele

skära

setlhagola

hacka

foroko ya go peta

högaffel

selepe

yxa

kiribae

skottkärra

bonwelo

tråg

mašwi a a moteng ga
moteme
mjölkflaska

kgetsana

säck

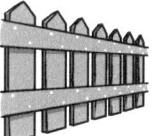

legora

staket

tsepame

stall

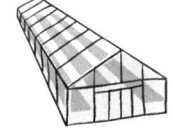

lefelo la go godisa dijalo

växthus

mmu

jord

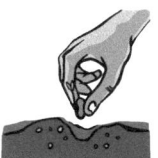

peo

säd

menyoro

gödsel

thobo e e kopaneng

skördetröska

thobo

skörda

thobo

skörd

di-yam

jams

korong

vete

soya

soja

tapole

potatis

korong

majs

disonobolomo

raps

setlhare sa maungo

fruktträd

cassava

maniok

dijo tsa phakela

spannmål

sentshamosi
skorsten

marulelo
tak

peipe ya deraine
stuprör

letlhabaphefo
fönster

karaje
garage

bele ya setswalo
dörrklocka

lebati
dörr

motene wa matlakala
soptunna

lebokose la dikwalo
brevlåda

tshingwana
trädgård

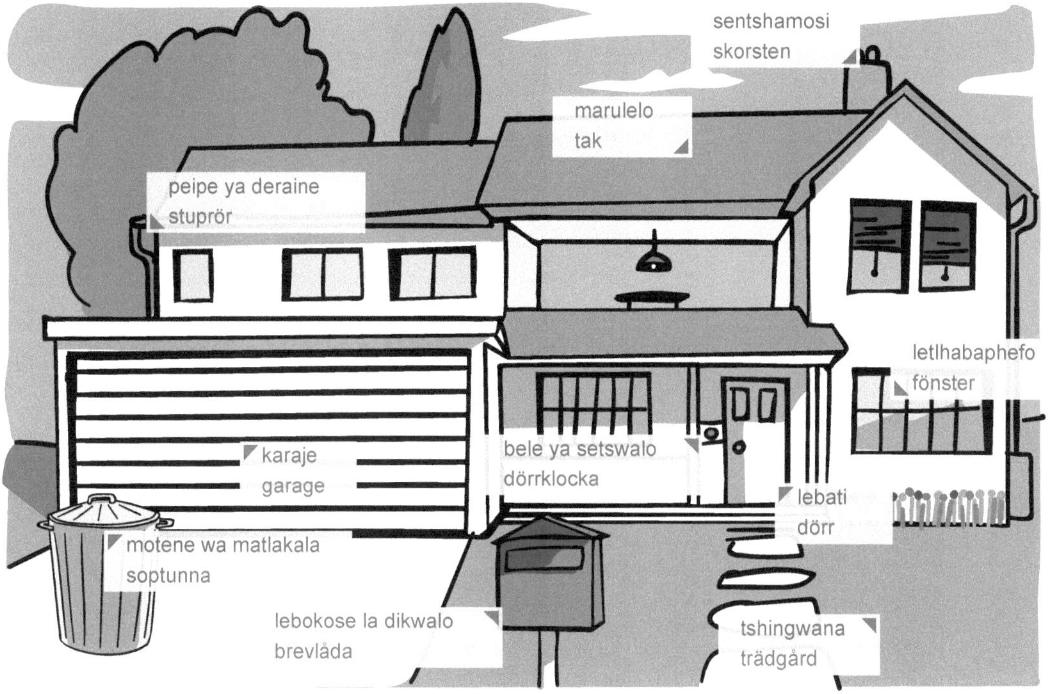

phaposi ya bodulo

vardagsrum

phaposi ya go tlhapela

badrum

boapeelo

kök

phaposi ya borobalo

sovrum

phaposi ya bana

barnrum

phaposi ya bojelo

matsal

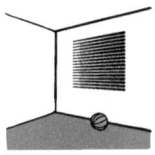

mo fatshe

golv

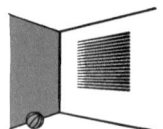

lebota

vägg

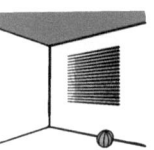

siling

tak

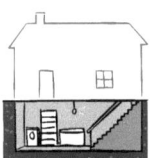

mabolokelo

källare

se futhumatsa mmele

bastu

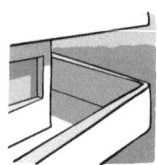

mokatako

balkong

mokgekolosa

terrass

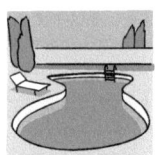

makadiba

bassäng

sedirisiwa sa go sega bojang

gräsklippare

lakane

lakan

kobo

överkast

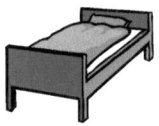

bolao

säng

lefielo

kvast

kgamelo

hink

switch

strömbrytare

phaposi ya bodulo

vardagsrum

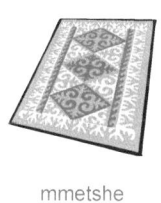

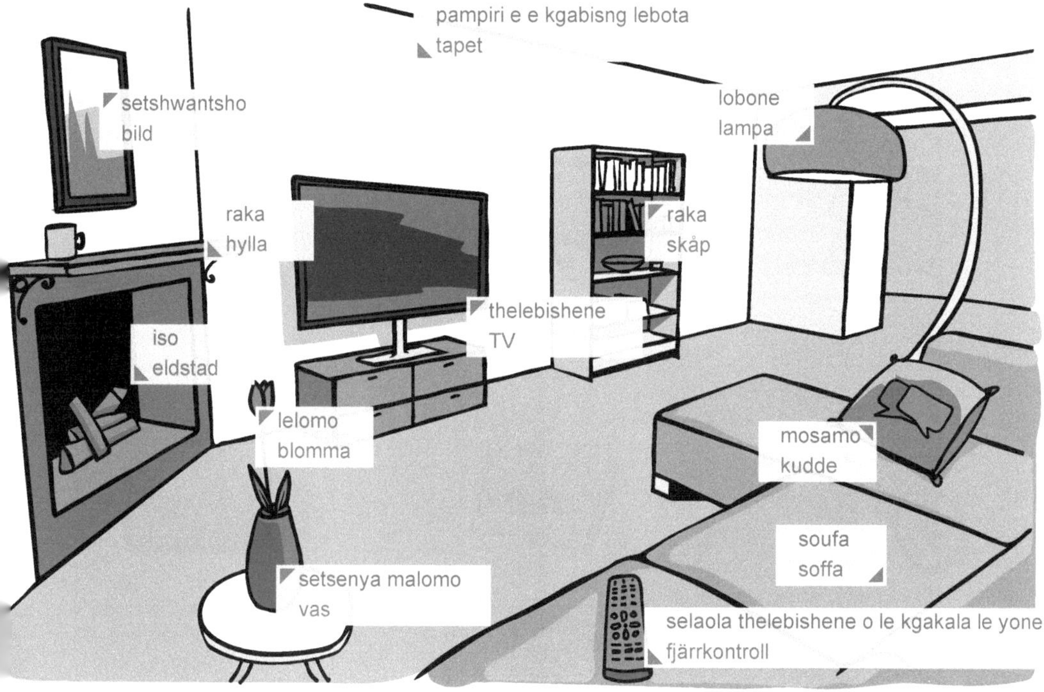

pampiri e e kgabisng lebota
tapet
setshwantsho
bild
lobone
lampa
raka
hylla
raka
skåp
thelebishene
TV
iso
eldstad
lelomo
blomma
mosamo
kudde
soufa
soffa
setsenya malomo
vas
selaola thelebishene o le kgakala le yone
fjärrkontroll

mmetshe

matta

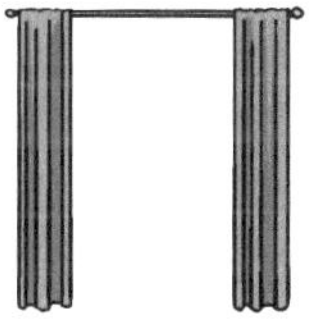

garetene

gardin

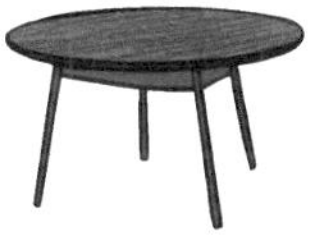

tafole

bord

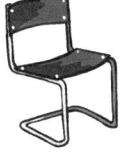

setulo

stol

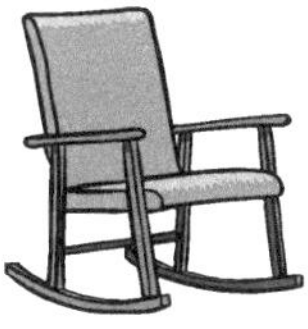

setulo se se binang

gungstol

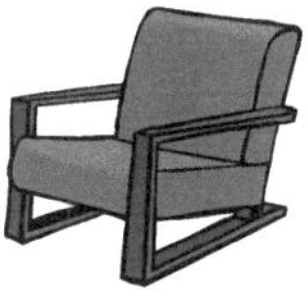

setulo se se naleng boikego

fåtölj

buka

bok

kobo

filt

mokgabiso

dekoration

dikgong tsa molelo

vedträ

filimi

film

hi-fi ya go letsa

stereoanläggning

selotlolo

nyckel

lokwalodikgang

dagstidning

setshwantsho se se dirilweng ka pente

målning

pampiri ya go phasalatsa

poster

seyalemowa

radio

buka ya dintla

anteckningsbok

huvara

dammsugare

motoroko

kaktus

kerese

stearinljus

boapeelo
kök

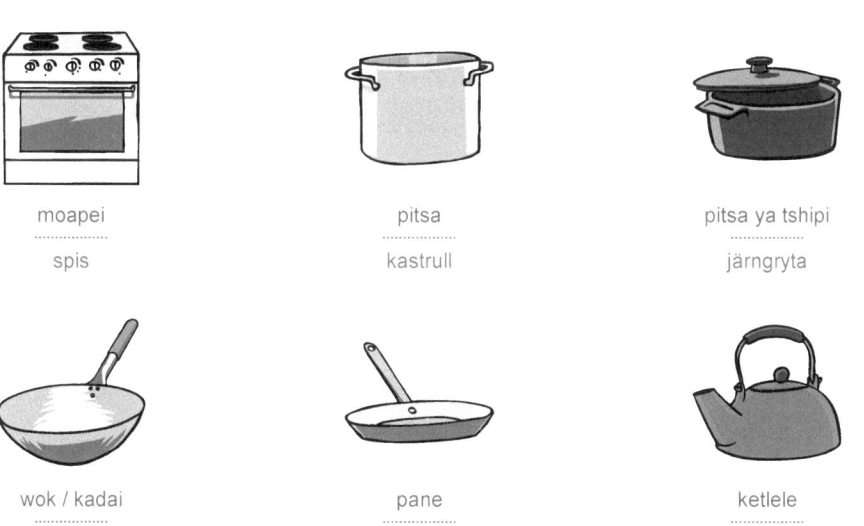

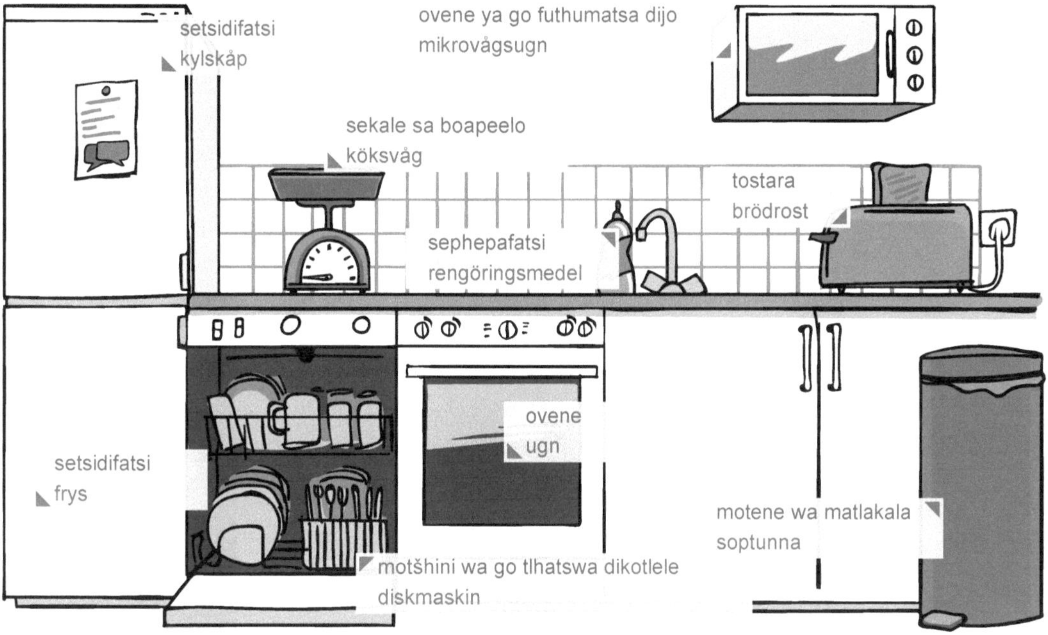
setsidifatsi
kylskåp
ovene ya go futhumatsa dijo
mikrovågsugn
sekale sa boapeelo
köksvåg
tostara
brödrost
sephepafatsi
rengöringsmedel
ovene
ugn
setsidifatsi
frys
motene wa matlakala
soptunna
motšhini wa go tlhatswa dikotlele
diskmaskin

moapei

spis

pitsa

kastrull

pitsa ya tshipi

järngryta

wok / kadai

wok / kadai

pane

stekpanna

ketlele

vattenkokare

sefuthumatsi

ångkokare

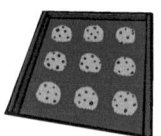

terei ya go baka

bakplåt

dintsho

porslin

kopi

mugg

sejana

skål

thobane ya go rema

ätpinnar

thoka

soppslev

sepatšhula

stekspade

wiskara

visp

setereinara

durkslag

setlhotlhi

sil

greitara

rivjärn

kika

mortel

nama ya kgomo

grill

molelo o o mopepeneneg

brasa

boroto ya go segela

skärbräda

rolara

kavel

sebula dibotlolo tsa beine

korkskruv

moteme

burk

sebula moteme

burköppnare

setshwari sa pitsa

grytlapp

sinki

vask

boratšhe

borste

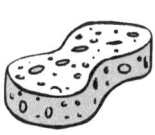

sepontšhe

svamp

setlhakanya dijo / maungo

mixer

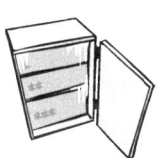

setsidifatsi

frys

botlole ya ngwana

nappflaska

tepe

kran

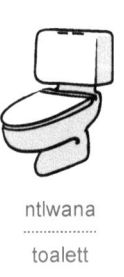

phaposi ya go tlhapela
badrum

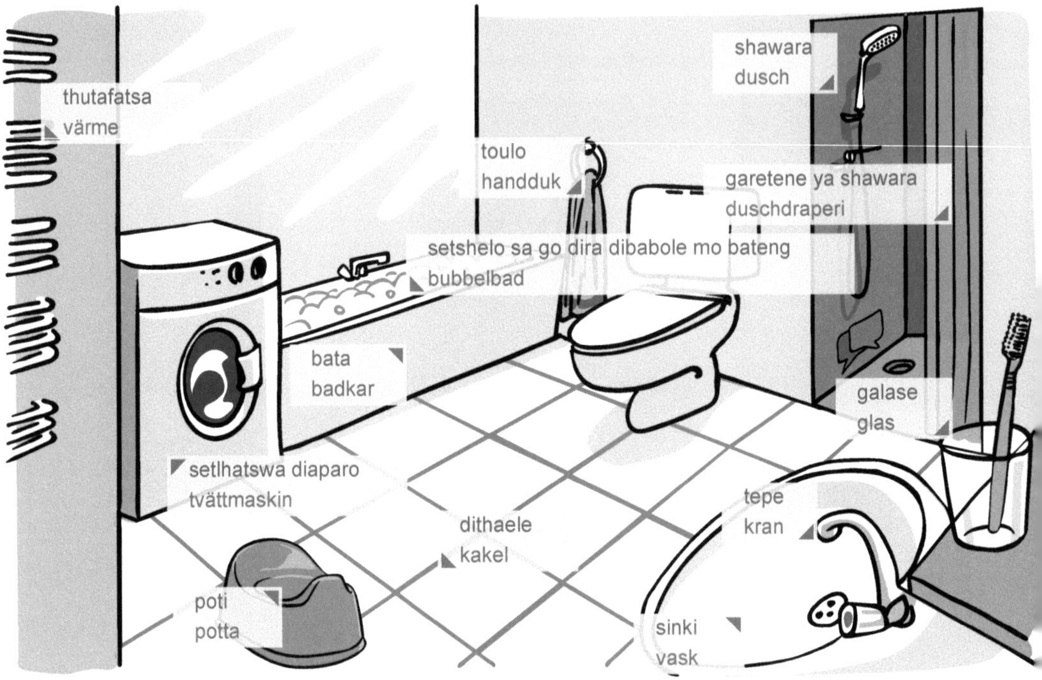

thutafatsa
värme
toulo
handduk
shawara
dusch
garetene ya shawara
duschdraperi
setshelo sa go dira dibabole mo bateng
bubbelbad
bata
badkar
galase
glas
setlhatswa diaparo
tvättmaskin
tepe
kran
dithaele
kakel
poti
potta
sinki
vask

ntlwana
toalett

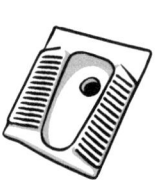

ntlwana ya go kotama
låg toalett

bidete
bidet

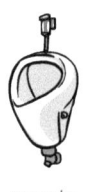

moroto
pissoar

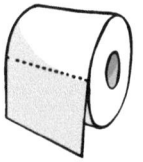

pampiri ya boithomelo
toalettpapper

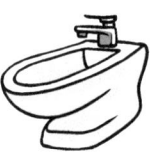

boratšhe jwa ntlwana
toalettborste

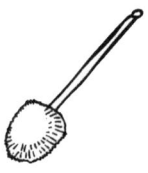

boratšhe jwa meno

tandborste

sesepa sa meno

tandkräm

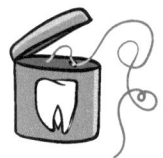

tlhale ya go phepafatsa meno

tandtråd

tlhatswa

tvätta

shawara ya go itshwarela

handdusch

senkgisa monate

intimdusch

beisini

handfat

boratšhe jwa mokwatla

ryggborste

sesepa

tvål

jele ya shawara

duschgel

setlhapisa moriri

schampo

folanele

trasa

mosele

avlopp

setlolo

crème

senkgamonate

deodorant

seipone

spegel

seipone sa go itshwarela

handspegel

legare

rakhyvel

foumu ya go ntsha moriri

raklödder

foumu ya fa o fetsa go ntsha moriri

rakvatten

kama

kam

boratšhe

borste

seomisa moriri

hårtork

seporei sa moriri

hårspray

seitlole sa sefatlhego

smink

setlolo sa molomo

läppstift

pente ya dinala

nagellack

boboa

bomullsvadd

sekere sa dinala

nagelsax

leokwane le le nkgang monate

parfym

kgetsana ya go tlhatswa

necessär

setulo

pall

sekale sa go lekanya

våg

seaparo sa botlhapelo

badrock

ditlelafo tsa rekere

gummihandskar

tempone

tampong

sedirisiwa sa basadi ba ba
mo kgweding

binda

ntlwana ya khemikhale

kemisk toalett

phaposi ya bana
barnrum

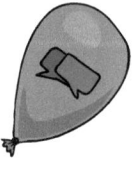

tshupanako ya alamo
väckarkiocka
mpopi wa go tlamparela
gosedjur
koloi e e tshamekang
leksaksbil
setšhakgatšhakga
skallra
ntlo ya dipompi
dockhus
poresente
present

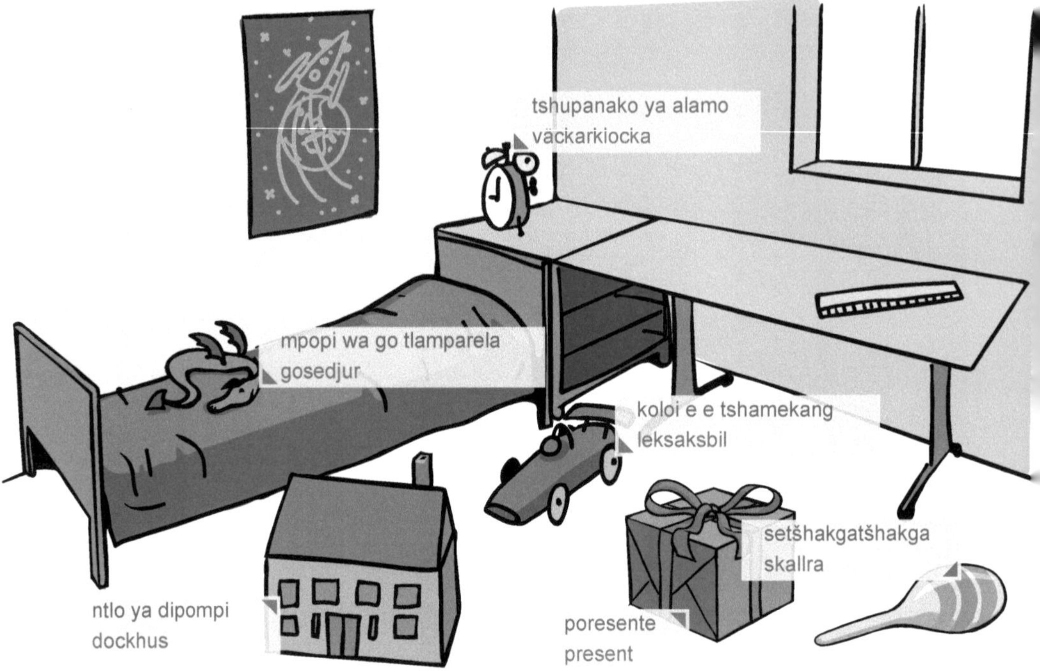

baluni
ballong

bolao
säng

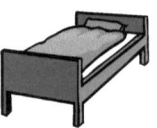

porema
barnvagn

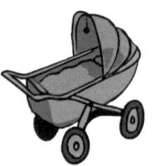

deck of cards
kortlek

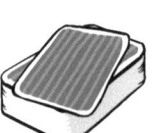

saga ya motlakase
pussel

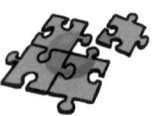

buka ya ditshegisi
serietidning

matlapa a go tshameka

legobitar

diboloko tse di tshamekang

klossar

setshwantsho sa motho

actionfigur

seaparo sa lesea

sparkdräkt

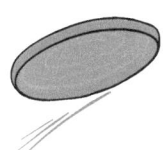

Frisbee

frisbee

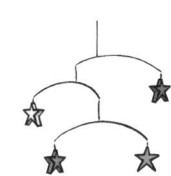

selo sa go letsa mmino mo ditsebeng

mobil

motshameko wa boroto

brädspel

daese

tärning

terena

modelljärnväg

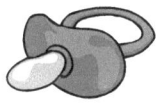

tami

napp

moletlo

party

buka ya ditshwantsho

bilderbok

bolo

boll

mpopi

docka

tshameka

spela

lebala le le naleng santa

sandlåda

moswinki

gunga

ditshamekisi tsa bana

leksaker

motshameko wa dibidio

spelkonsol

baesekele ya maotwana a a mararo

trehjuling

bera e e diretsweng go tshamekisa bana

nalle

raka ya go baya diaparo

garderob

seaparo
kläder

dikausu

sockar

dikausu tsa basadi

strumpor

dithaetse

tights

sekhafo
halsduk

sekhukhu
paraply

sekipa
t-shirt

lebante
bälte

dibutshi
stövlar

disilipara
tofflor

diteki
sneakers

dimphatšhane
sandaler

ditlhako
skor

dibutshi tsa rekere
gummistövlar

borukgwe jwa kwateng
underbyxor

boraa
BH

besete
linne

mmele

body

borukgwe

byxor

bokate

jeans

sekete

kjol

bolaose

blus

hempe

skjorta

jeresi e e senang matsogo

pullover

jakete e e enaleng hutshe

sweater

boleisara

blazer

jakete

jacka

jase

kappa

jase ya pula

regnjacka

khosetjhumo

dräkt

mosese

klänning

mosese wa lenyalo

bröllopsklänning

sutu

kostym

seaparo sa bosigo

nattlinne

diaparo tsa go robala

pyjamas

sari

sari

sekhafa sa tlhogo

slöja

turban

turban

burqa

burka

kaftan

kaftan

abaya

abaya

seaparo sa go thuma

baddräkt

diteranka

badbyxor

borukgwe jo bo khutshwane

shorts

terekesutu

träningsoverall

seaparo sa go phephafatsa

förkläde

ditlelafo

handskar

talama

knapp

diborele

glasögon

sebaga

armband

sebaga sa mo thamong

halsband

palamonwana

ring

lengena

örhänge

kepisi

mössa

sepega baki

galge

hutshe

hatt

tae

slips

zepe

dragkedja

hutshe ya sethuthuthu

hjälm

ditrata tsa meno

hängslen

diaparo tsa sekolo

skoluniform

diaparo tsa mmereko /
diaparo tsa sekolo

uniform

bebe

haklapp

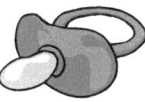

tami

napp

mongato

blöja

kantoro
kontor

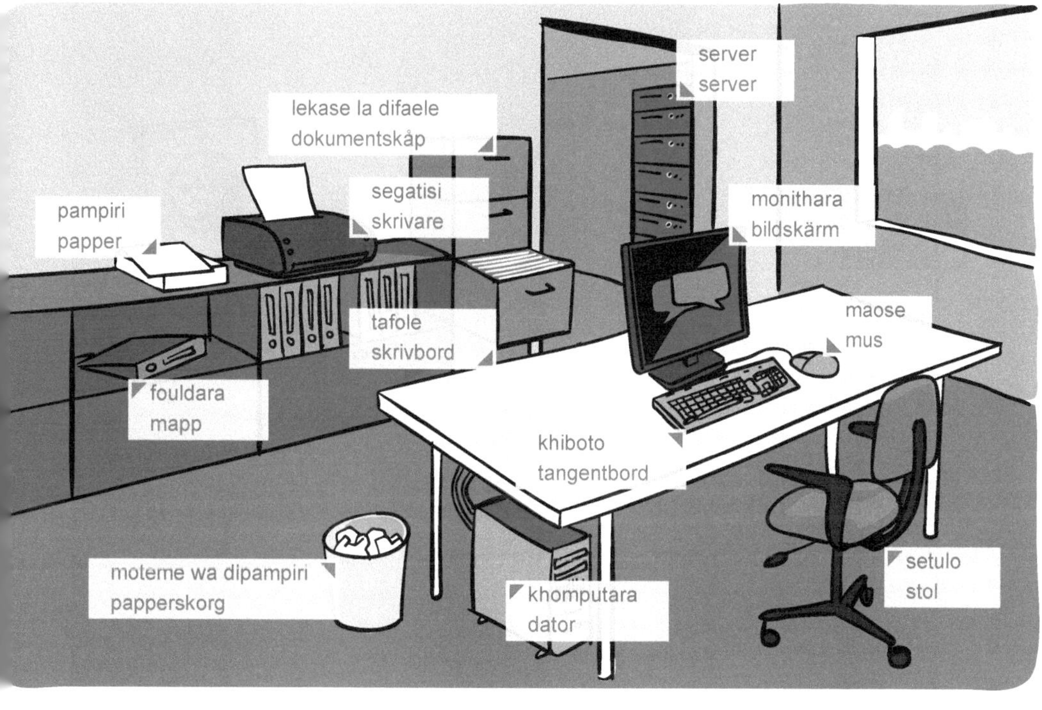

server
server

lekase la difaele
dokumentskåp

segatisi
skrivare

pampiri
papper

monithara
bildskärm

tafole
skrivbord

maose
mus

fouldara
mapp

khiboto
tangentbord

moterne wa dipampiri
papperskorg

khomputara
dator

setulo
stol

kopi

kaffemugg

khalkhuleitara

miniräknare

inthanete

internet

lapothopo

bärbar dator

lekwalo

brev

molaetsa

meddelande

mogala wa letheka

mobiltelefon

kgolagano ya megala

nätverk

segatisa dipampiri

kopieringsapparat

software

programvara

mogala

telefon

sokete ya polaka

vägguttag

motšhini wa fekese

fax

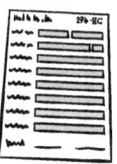

foromo

blankett

setlankana

dokument

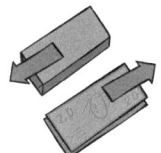

reka

köpa

patela

betala

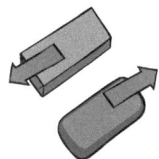

rekisa

handla

madi / tšhelete

pengar

dolara

dollar

euro

euro

yen

yen

roubele

rubel

swiss franc

schweizisk franc

renminbi yuan

renminbi yan

rupee

rupie

lefelo la madi

bankomat

kantoro ya go fetola madi

växelkontor

gauta

guld

selefera

silver

oli

olja

maatla

energi

tlhwatlhwa

pris

konteraka

kontrakt

lekgetho

skatt

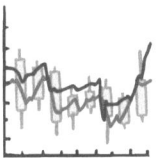

setoko

aktie

dira

arbeta

mothapiwa

anställd

mothapi

arbetsgivare

bodirelo

fabrik

lebenkele

affär

motimamolelo
brandman

lepodisi
polis

moapei
kock

ngaka
läkare

mokgweetsi wa sefofane
pilot

ratshingwana

trädgårdsmästare

mmetli wa dikgong

snickare

moroki

sömmerska

moatlhodi

domare

moitse wa melemo

kemist

modiragatsi

skådespelare

mokgweetsi wa bese

busschaufför

mokgweetsi wa tekisi

taxichaufför

motshwari wa ditlhapi

fiskare

Mme yo o phepafatsang

städerska

moruledi

takläggare

weitara

servitör

motsumi

jägare

motaki

målare

mmesi wa senkgwe

bagare

ramotlakase

elektriker

moagi

byggarbetare

moenjenere

ingenjör

mosegi wa nama

slaktare

motsenyi wa diphaepe tsa metsi

rörmokare

motsamaisa poso

brevbärare

leshole

soldat

modiri wa dipolane

arkitekt

morekisi

kassör

morekisi wa malomo

florist

mokgabisamoriri

frisör

kondactara

konduktör

mokheneke

mekaniker

mokapeteine

kapten

ngaka ya meno

tandläkare

Rasaense

vetenskapsman

moruti

rabbin

imam

imam

moitlami

munk

moruti

präst

didiriswa
verktyg

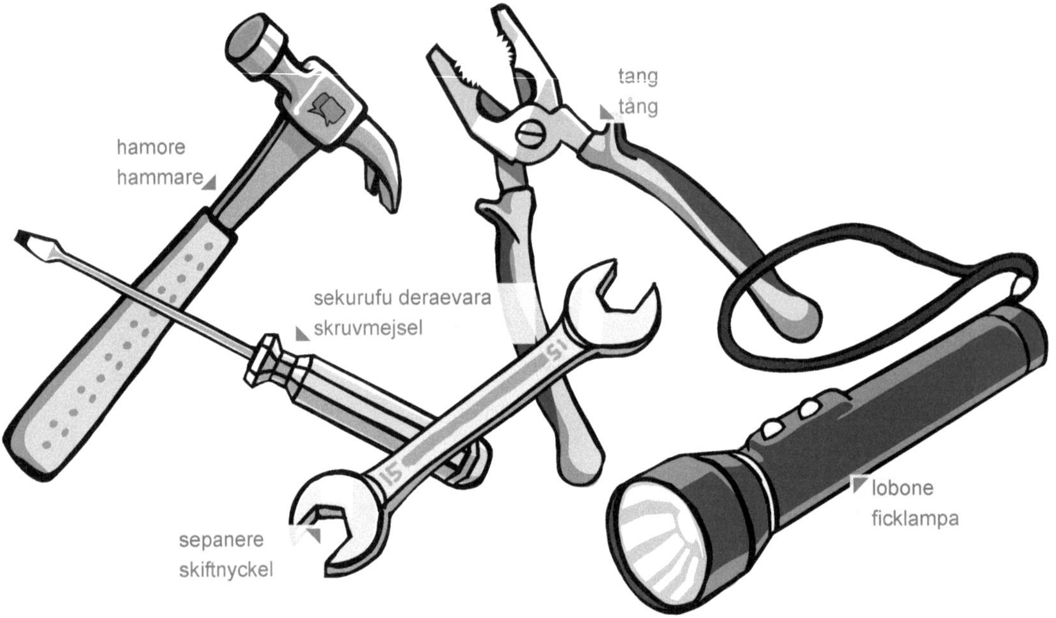
tang
tång
hamore
hammare
sekurufu deraevara
skruvmejsel
lobone
ficklampa
sepanere
skiftnyckel

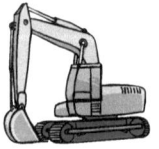

moepi

grävmaskin

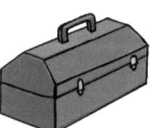

bokoso ya didirisiwa

verktygslåda

lere

stege

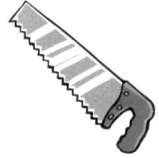

saga

såg

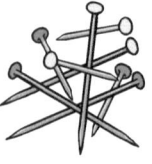

dipekere

spik

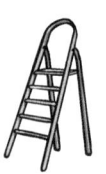

sebori

borr

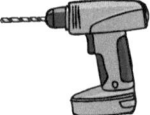

baakanya
reparera

garawe
spade

ijaa!
Helvete!

seolela matlakala
sopskyffel

pitsa ya pente
färgburk

sekurufu
skruvar

didirisiwa tsa mmino
musikinstrument

meropa
trummor

sepikara se se goelang ko godimo
högtalare

base e e gabedi
kontrabas

terompeta
trumpet

katara
gitarr

piano

piano

bayolini

violin

base

bas

timpane

timpani

meropa

trumma

khiboto

keyboard

sekesofone

saxofon

phala

flöjt

sebuela godimo

mikrofon

lefelo la go bonela diphologolo

zoo

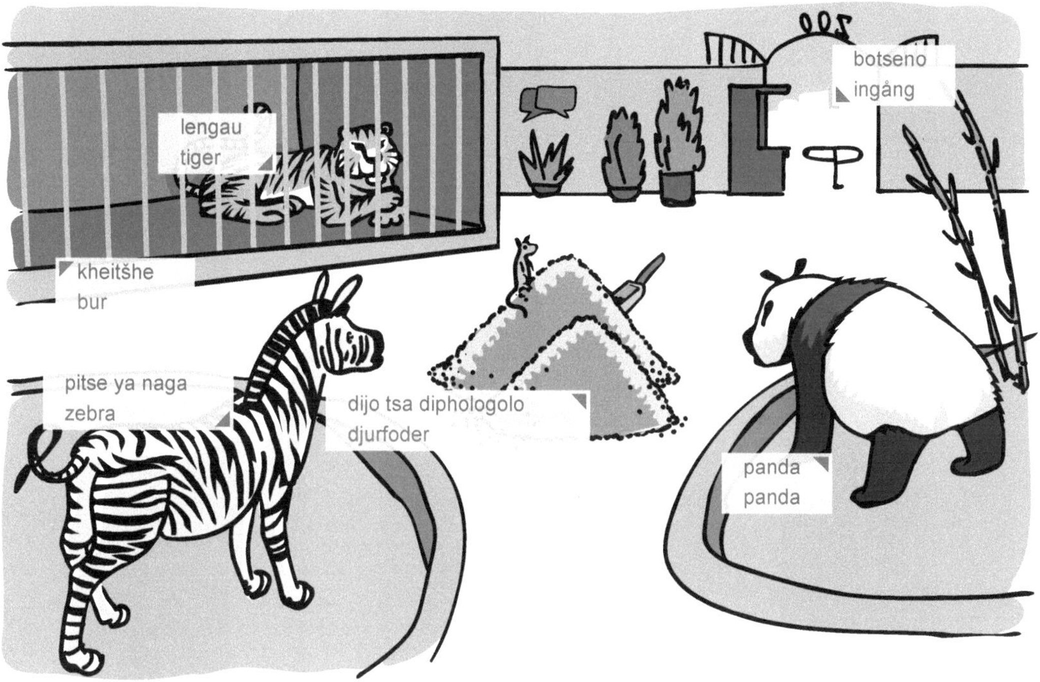

botseno
ingång

lengau
tiger

kheitšhe
bur

pitse ya naga
zebra

dijo tsa diphologolo
djurfoder

panda
panda

diphologolo

djur

tlou

elefant

dikhankaruu

känguru

tshukudu

noshörning

tshweni

gorilla

bera

björn

kamela

kamel

kalakune

struts

tau

lejon

tshwene

apa

flamingo

flamingo

papalagae

papegoja

bera e e dulang ko lefelong
le le tsididi thata

isbjörn

nonyane tsa lewatle

pingvin

leruarua

haj

phikoko

påfågel

noga

orm

kwena

krokodil

motlhokomedi wa
diphologolo
djurskötare

sili

säl

katse

jaguar

petsana

ponny

lengau

leopard

tshukudu

flodhäst

thutlwa

giraff

ntsu

örn

dikolobe tsa naga

vildsvin

tlhapi

fisk

khudu

sköldpadda

walrus

valross

ntja ya naga

räv

tshephe

gazell

metshameko
sport

kgwele ya dinao ya Amerika
amerikansk fotboll

motshameko wa baesekele
cykling

tenese
tennis

baseketebolo
basket

thuma
simning

hockey ya mo aeseng
ishockey

motshameko wa go lwa ka diatla
boxning

kgwele ya dinao
fotboll

badminthone
badminton

atletiki
friidrott

kgwele ya diatla
handboll

skiing
skidåkning

polo
polo

tshega
skratta

tlola
hoppa

tlamparela
krama

tsamaya
gå

opela
sjunga

lora
drömma

rapela
be

atla
kyssa

kwala
skriva

torowa
rita

bontsha
visa

kgorometsa
skjuta

naya
ge

tsaya
ta

go nna

hagel

dira

göra

nna

vara

ema

stå

taboga

springa

goga

dra

latlha

kasta

wa

falla

maaka

ligga

ema

vänta

tsholetsa

bära

dula

sitta

apara

klä på

robala

sova

tsoga

vakna

leba

se på

lela

gråta

thuma ka lemorago

smeka

kama

kamma

bua

prata

tlhaloganya

förstå

botsa

fråga

reetsa

höra

nwa

dricka

ja

äta

phepafatsa

städa

lorato

älska

apaya

laga mat

kgweetsa

köra

fofa

flyga

seila

segla

khalkhuleitara

räkna

bala

läsa

ithute

lära sig

dira

arbeta

nyala

gifta sig

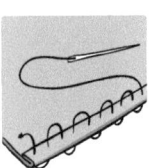

roka

sy

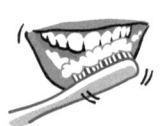

tlhapa meno

borsta tänderna

bolaya

döda

tsuba

röka

romela

skicka

lelapa
familj

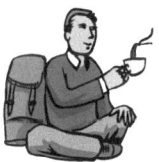

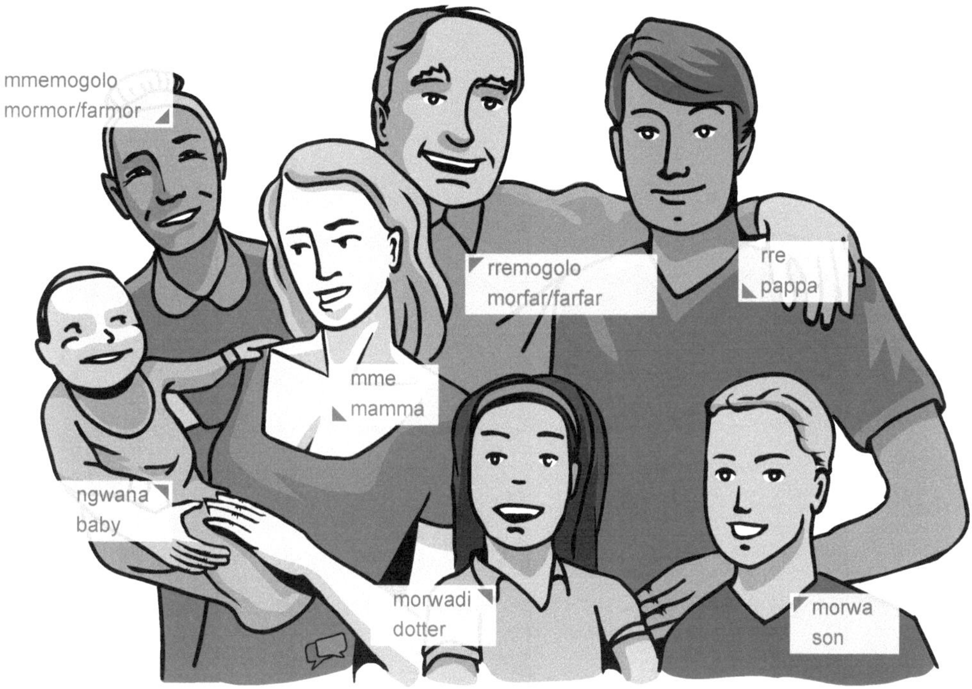

mmemogolo
mormor/farmor
rremogolo
morfar/farfar
rre
pappa
mme
mamma
ngwana
baby
morwadi
dotter
morwa
son

moeng
gäst

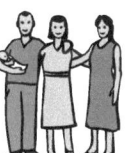

mmangwane
moster/faster

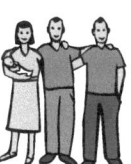

malome
farbror/morbror

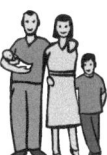

abuti
bror

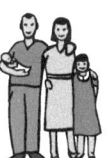

ausi
syster

mmele

kropp

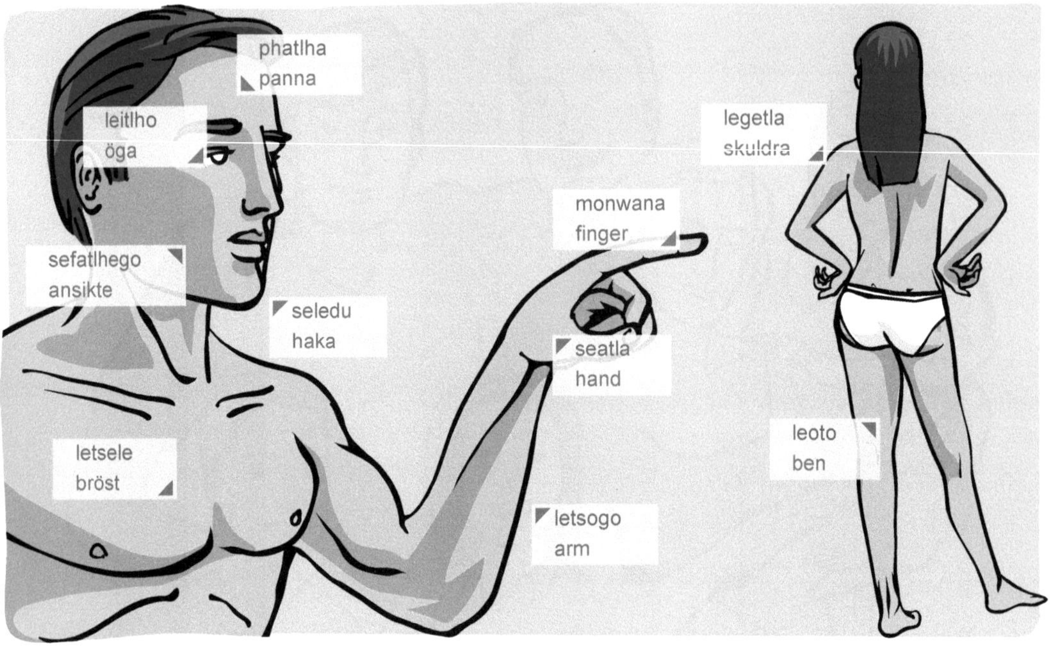

phatlha
panna

leitlho
öga

legetla
skuldra

monwana
finger

sefatlhego
ansikte

seledu
haka

seatla
hand

letsele
bröst

leoto
ben

letsogo
arm

ngwana

baby

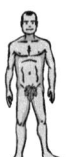

monna

man

mosadi

kvinna

mosetsana

flicka

mosimane

pojke

tlhogo

huvud

mmele - kropp

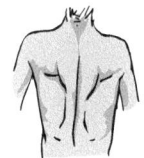

mokwatla

rygg

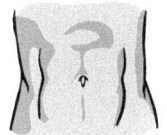

mpa

mage

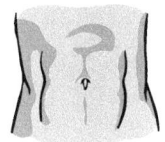

khubu

navel

monwana

tå

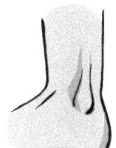

serethe

häl

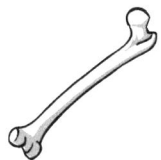

lerapo

ben

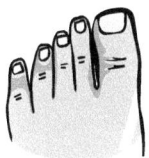

letheka

höft

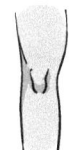

lengole

knä

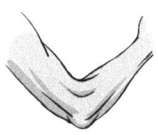

sekgono

armbåge

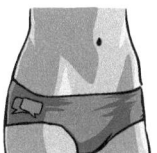

nko

näsa

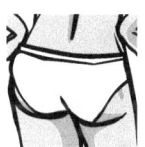

ko tlase

stjärt

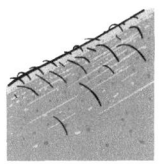

letlalo

hud

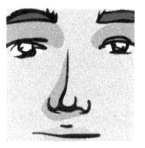

lerama

kind

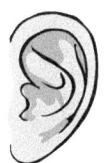

tsebe

öra

pounama

läpp

molomo

mun

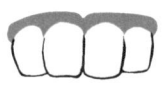

leino

tand

loleme

tunga

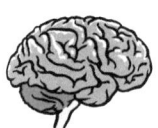

boboko

hjärna

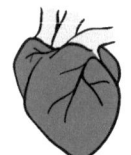

pelo

hjärta

maatla

muskel

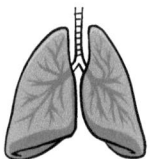

lekgwafo

lunga

sebete

lever

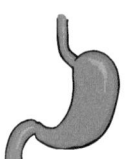

mala

magsäck

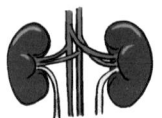

diphio

njurar

bong

sex

mosomelwana

kondom

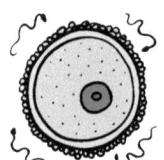

sebelegi sa ngwana

äggcell

semen

sperma

moimana

graviditet

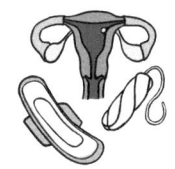

dinako tsa go tla ka kgwedi
tsa basadi
....
menstruation

serwe sa mosadi
....
vagina

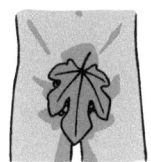

serwe sa monna
....
penis

dintshi
....
ögonbryn

moriri
....
hår

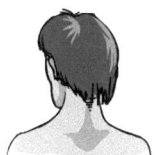

thamo
....
nacke

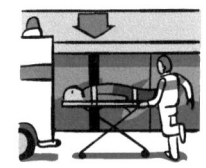

sepetlele
sjukhus

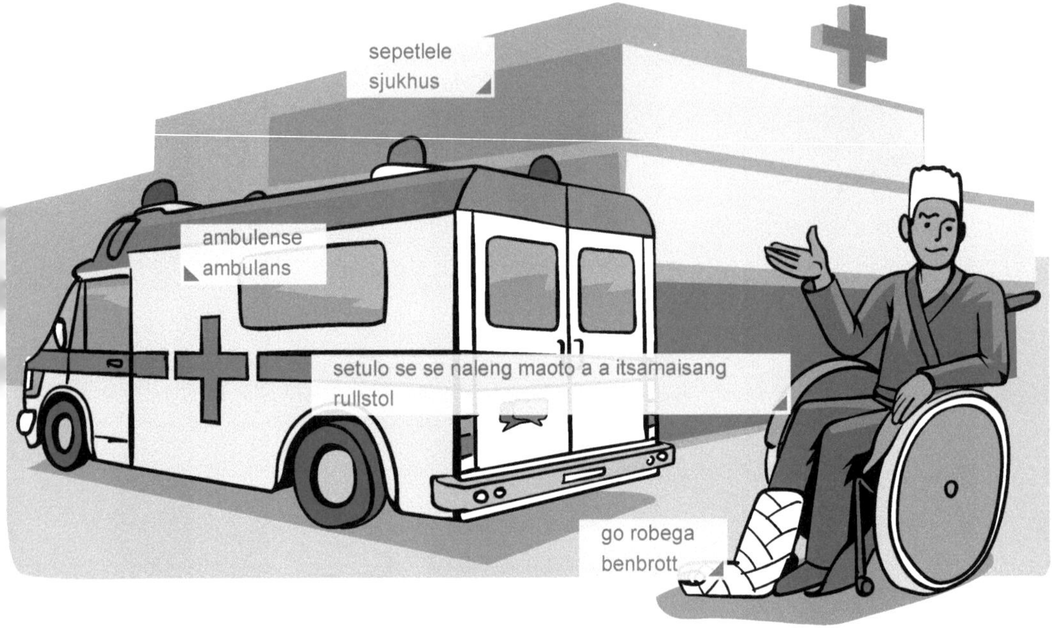

sepetlele
sjukhus
ambulense
ambulans
setulo se se naleng maoto a a itsamaisang
rullstol
go robega
benbrott

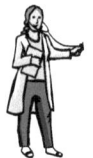

ngaka

läkare

phaphosi ya tshoganyetso

akutmottagning

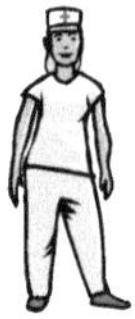

mooki

sjuksköterska

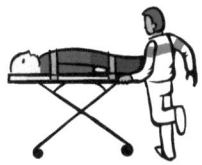

tshoganyetso

nödsituation

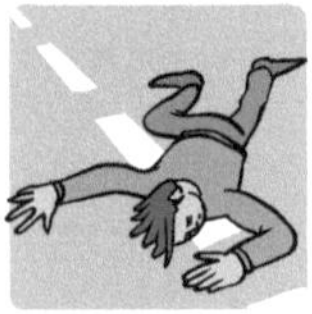

idibala

medvetslös

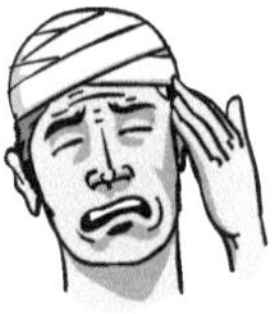

setlhabi

smärta

kgobalo

skada

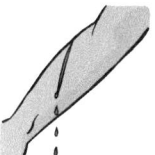

go dutla madi

blödning

tlhaselo ya pelo

hjärtattack

setorouko

slaganfall

bolwetsi

allergi

go gotlhola

hosta

fulu

feber

fulu

influensa

letshololo

diarré

opiwa ke tlhogo

huvudvärk

kankere

cancer

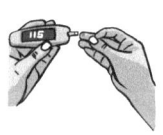

sukiri ya mmele

diabetes

moari

kirurg

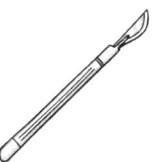

sekalepele

skalpell

karo

operation

CT

CT

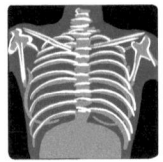

x-ray

röntgen

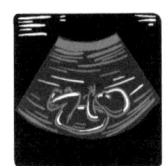

motšhini wa go leba mo mpeng

ultraljud

sesira sefatlhego

ansiktsmask

twatsi

sjukdom

phaposi boletelo

väntsal

dithobane

krycka

polasetara

plåster

sefapho

bandage

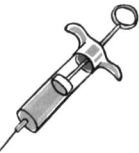

lemao

injektion

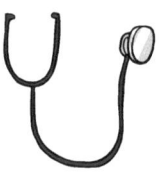

setetosekoupu

stetoskop

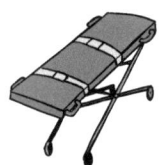

seteretšhara

bår

themometara ya bongaka

termometer

pelegi

födsel

bokima jwa mmele

övervikt

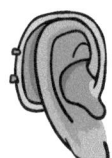

sedirisiwa sa go thusa go utlwa

hörapparat

sesireletsa dintho

desinfektionsmedel

tshwaetso

infektion

mogare

virus

HIV / AIDS

HIV / AIDS

melemo

medicin

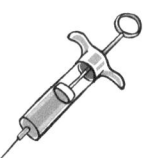

mokento

vaccination

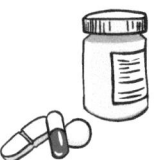

thabolete

tabletter

pilisi

p-piller

mogala wa tshoganyetso

nödsamtal

motšhini wa go ela tlhoko kgatelelo ya madi

blodtrycksmätare

lwala / itekanetse

sjuk / frisk

Thusa!

Hjälp!

alamo

alarm

tshotlako

överfall

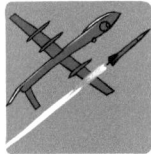

tlhasela

misshandel

kotsi

fara

kgoro ya tshoganyetso

nödutgång

Molelo!

Det brinner!

setima moleleo

brandsläckare

kotsi

olycka

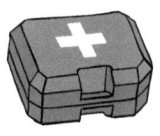

khiti ya go thusa ka dikgobalo

förbandslåda

SOS

SOS

lepodisi

polis

Yuropa

Europa

Bokone jwa Amerika

Nordamerika

Borwa jwa Amerika

Sydamerika

Aforika

Afrika

Asia

Asien

Australia

Australien

Atlantic

Atlanten

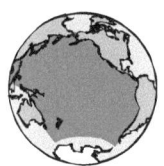

Pacific

Stilla Havet

Lewatle la India

Indiska Oceanen

Lewatle la Antarctic

Antarktiska Oceanen

Lewatle la Arctic

Arktiska Oceanen

Bokone

Nordpol

Borwa

Sydpol

Antartica

Antarktis

Lefatshe

Jorden

lefatshe

land

lewatle

hav

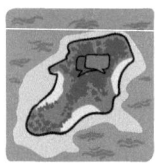

losi lwa lewatle

ö

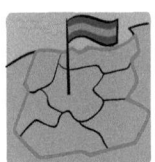

lotso

nation

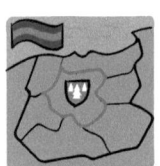

boemo

stat

lentle la tshupanako

urtavla

letsogo la ura

timvisare

letsogo la metsotso

minutvisare

letsogo la metsotswana

sekundvisare

ke nako mang?

Vad är klockan?

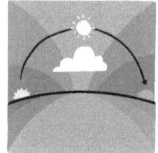

letsatsi

dag

nako

tid

go ne jaanong

nu

tshupanako ya dijithale

digital klocka

metsotso

minut

ura

timme

beke

vecka

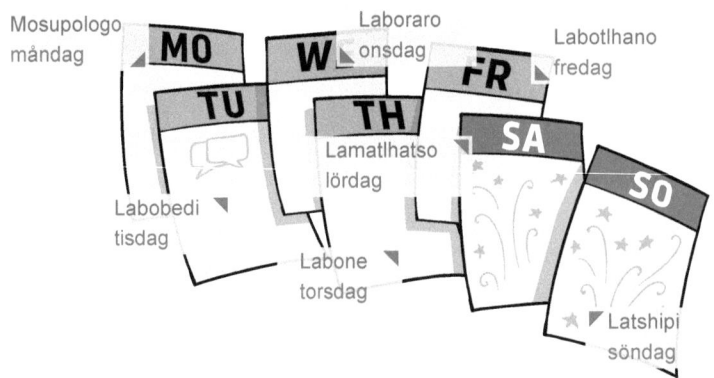

Mosupologo
måndag

Laboraro
onsdag

Labotlhano
fredag

Labobedi
tisdag

Lamatlhatso
lördag

Labone
torsdag

Latshipi
söndag

maabane

igår

gompieno

idag

kamoso

imorgon

moso

morgon

thapama

middag

maitseboa

kväll

malatsi a tiro

vardagar

mafelo a beke

helg

ngwaga
år

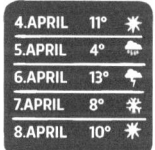

pula
regn
motshe wa badimo
regnbåge
phefo
vind
letlhwa
snö
dikgakologo
vår
letlhafula
höst
selemo
sommar
mariga
vinter

4.APRIL 11°
5.APRIL 4°
6.APRIL 13°
7.APRIL 8°
8.APRIL 10°

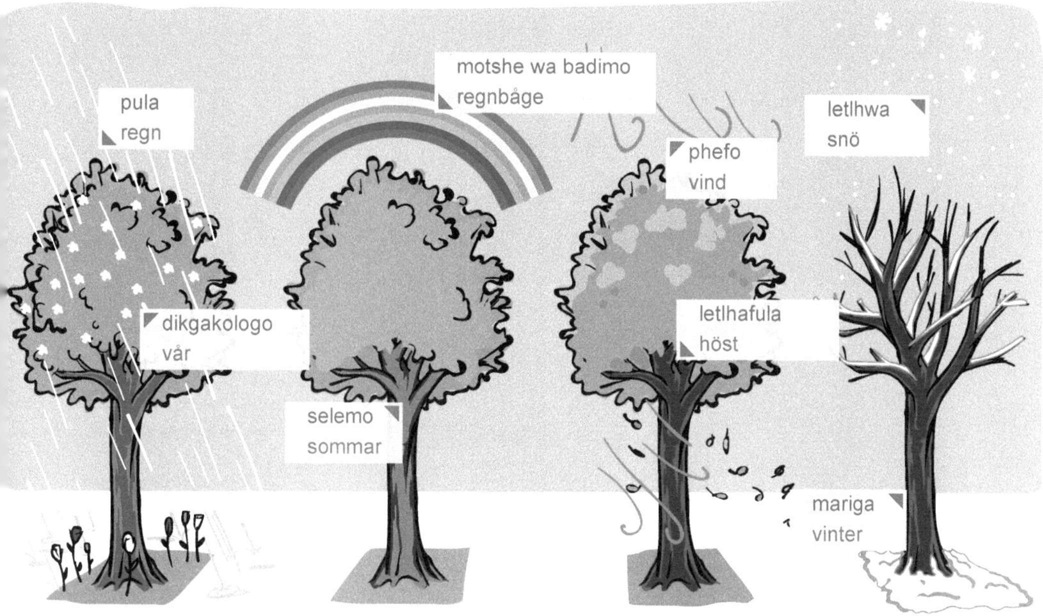

botsogo jwa loapi

väderprognos

F C
120 40
90 30
60 20
30 10
0 0
-30 -10
-20

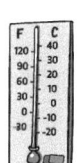

themomithara

termometer

letsatsi

solsken

leru

moln

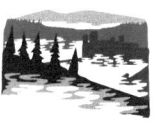

mouwane

dimma

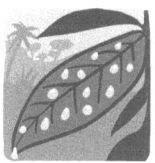

humidity

luftfuktighet

legadima

blixt

modumo wa maru

åska

matsubutsubu

storm

sefako

hagel

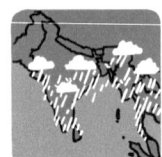

monsoon

monsun

morwalela

översvämning

aese

is

Ferikgong

januari

Tlhakole

februari

Mopitlwe

mars

Moranang

april

Motsheganong

maj

Seetebosigo

juni

Phukwi

juli

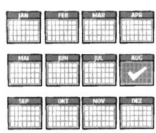

Phatwe

augusti

Lwetse

september

Diphalane

oktober

Ngwanaatsele

november

Sedimonthole

december

dipopego
former

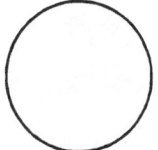

kgolokwe

cirkel

khutlonne

kvadrat

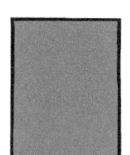

khutlonnetsepa

rektangel

khutlotharo

triangel

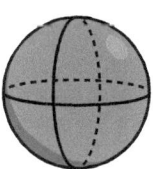

khutlo

sfär

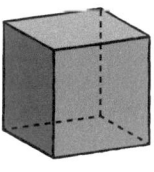

khiubu

kub

tshweu

vit

serolwana

gul

mmala wa namune

orange

pinki

rosa

khibidu

röd

bohibidu jo bo mokgona

lila

pududu

blå

tala

grön

tshetlha

brun

tshetlha

grå

ntsho

svart

go le gontsi / go nnye

mycket / lite

go kwata / go ritibala

arg / lugn

montle / maswe

vacker / ful

tshimologo / bofelo

början / slut

tonna / nnyane

stor / liten

lesedi / lefifi

ljus / mörk

abuti / ausi

bror / syster

phepa / leswe

ren / smutsig

feletse / go sa felela

komplett / ofullständig

motshegare / bosigo

dag / natt

o sule / o a tshela

död / levande

bophara / tshesane

bred / smal

ya jega / ga e jege

ätlig / oätlig

bosula / molemo

ond / god

go itumela thata / go se itumele

upphetsad / uttråkad

nonne / tshesane

tjock / smal

ntlha / bofelo

först / sist

tsala / sera

vän / fiende

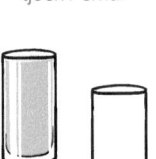

tletse / lolea

full / tom

thata / bonolo

hård / mjuk

bokete / motlhofo

tung / lätt

tlala / lenyora

hunger / törst

lwala / itekanetse

sjuk / frisk

dumelesega / dumeletswe

olaglig / laglig

botlhale / sematla

intelligent / dum

molema / moja

vänster / höger

gaufi / kgakala

nära / långt bort

sesha / ya kgale

ny / begagnad

sepe / sengwe

inget / något

mogolo / mosha

gammal / ung

tsenya / tima

på / av

bula / tswetswe

öppen / stängd

tidimalo / modumo

tyst / högljudd

khumo / lehuma

rik / fattig

siame / phoso

rätt / fel

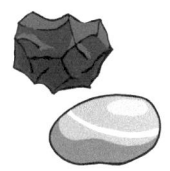

ditlhotlhori / borethe

grov / slät

hutsafetse / itumetse

ledsen / glad

khutshwane / telele

kort / lång

bonya / bonako

långsam / snabb

metsi / omile

våt / torr

mololo / tsididi

varm / sval

ntwa / kagiso

krig / fred

dipalo
siffror

0
lefela
noll

1
nngwe
ett

2
pedi
två

3
tharo
tre

4
nne
fyra

5
tlhano
fem

6
thataro
sex

7
supa
sju

8
robedi
åtta

9
robonngwe
nio

10
lesome
tio

11
some nngwe
elva

12
some pedi
tolv

13
some tharo
tretton

14
some nne
fjorton

15
some tlhano
femton

16
some thataro
sexton

17
some supa
sjutton

18
some robedi
arton

19
some robonngwe
nitton

20
masomamabedi
tjugo

100
lekgolo
hundra

1.000
sekete
tusen

1.000.000
milione
miljon

Sejatlhapi

engelska

Sejatlhapi sa Amerika

amerikansk engelska

se-China

kinesisk mandarin

se-Hindi

hindi

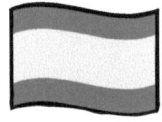

se-Spanish

spanska

se-For a

franska

se-Araba

arabiska

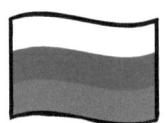

se-Russia

ryska

se-Potokisi

portugisiska

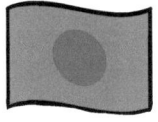

se-Bengali

bengali

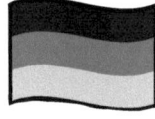

se-Jeremane

tyska

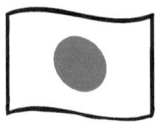

se-Japane

japanska

Nna

jag

wena

du

ene / ene / sone

han / hon / den (det)

re

vi

wena

ni

bone

de

mang?

vem?

eng?

vad?

jang?

hur?

kae?

var?

leng?

när?

leina

namn

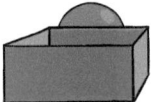

mo morago

bakom

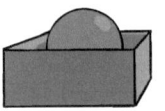

mo

i

fa pele ga

framför

godimo

över

mo

på

fa tlase

under

mo thoko

bredvid

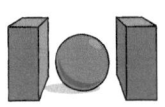

magareng

mellan

lefelo

plats